El Libro de Serpientes para Niños

El libro de serpientes para niños | Libro para colorear |
Libro para niños y niñas de 4 a 10 años

Natalie
Fleming Kid
Books
Fun & Giggles!

TABLA DE CONTENIDOS

01

¿Quiénes son las serpientes?

Introducción y origen de las serpientes

¿Quiénes son las serpientes?

Diferentes Serpientes

- ❖ Nombre científico: **Serpentes**
- ❖ Las serpientes son reptiles, junto con los cocodrilos, los lagartos y las tortugas.
- ❖ Tienen un cuerpo delgado, sin patas ni párpados.
- ❖ Las serpientes tienen orejas, pero no se pueden ver desde fuera.
- ❖ Hay más de 3.000 especies diferentes de serpientes. Pero sólo más de 200 son extremadamente peligrosas.
- ❖ Las serpientes son carnívoras (comen carne). No pueden masticar la comida, así que se la tragan.
- ❖ Hay muchos tipos de movimientos en las serpientes. La mayoría hacen un bucle en forma de "S" mientras se mueven, mientras que las más grandes, como la pitón, se mueven en línea recta como una oruga. Algunas serpientes del desierto se mueven lateralmente.

¿Son peligrosas?

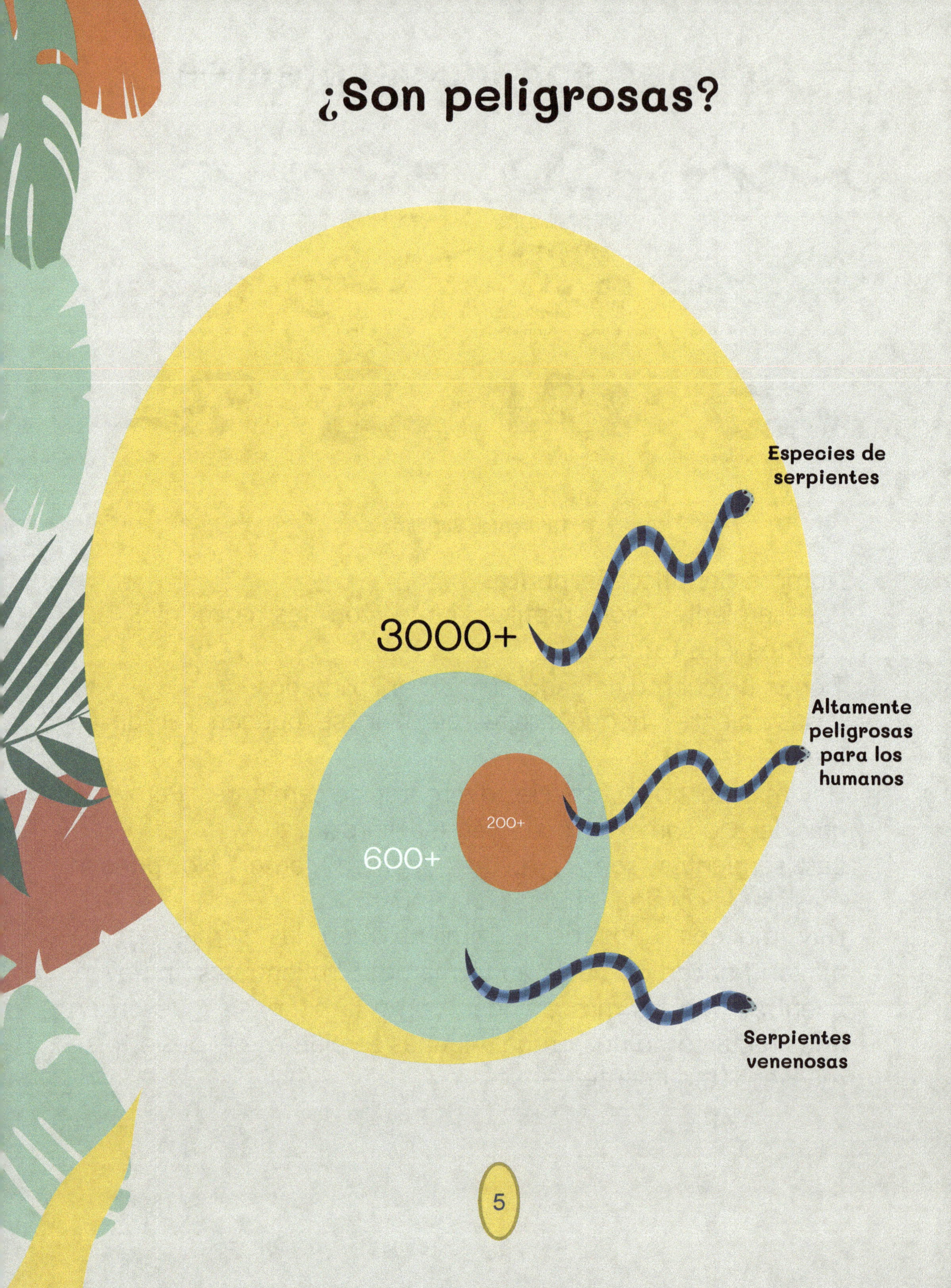

Origen de las serpientes

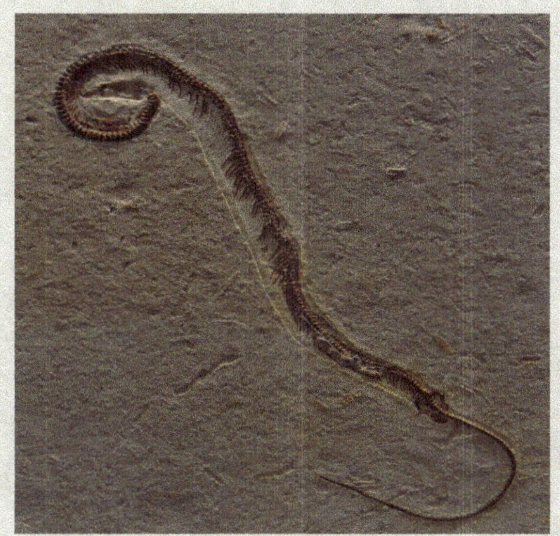

Fósil de serpiente

Serpiente monstruosa

¿Qué son los fósiles?

❖Los restos de antiguos animales y plantas que vivieron hace millones de años y están enterrados en la superficie de la tierra se llaman fósiles.

❖El fósil de las primeras serpientes nos dice que pueden haber evolucionado a partir de lagartos excavadores. Las patas han desaparecido con el paso de los años. De hecho, las serpientes Pitón y Boa todavía tienen pequeños huesos de las patas traseras cerca de la cola.

La monstruosa serpiente "Titanoboa"

❖Hace unos 58 millones de años, una serpiente monstruosa se deslizó desde las selvas pantanosas de Sudamérica.

❖Con un peso superior a una tonelada y una longitud de unos 14 metros, este gigantesco reptil podía tragarse un cocodrilo entero.

Distribución de las serpientes

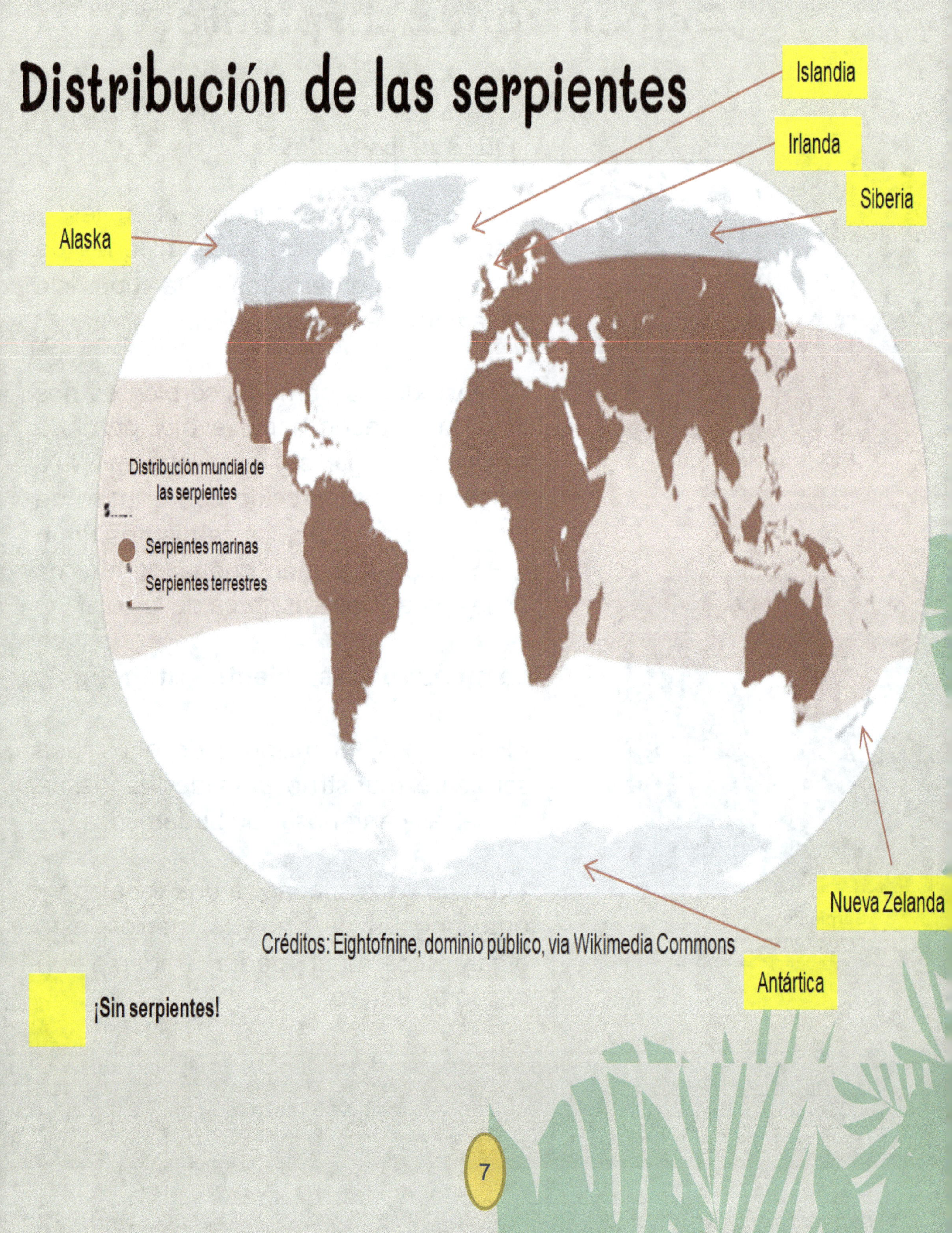

Créditos: Eightofnine, dominio público, via Wikimedia Commons

02

Tipo de Serpientes

¡Veamos diferentes tipos de serpientes en el mundo!

Familia Colúbridos

- ❖ Los colúbridos son la familia de serpientes más numerosa y también constituyen dos tercios de todos los tipos de serpientes vivientes.

- ❖ Pocos miembros de esta familia son peligrosos para el ser humano.

- ❖ Algunos colúbridos populares son las serpientes de maíz, las serpientes de leche y las serpientes rey.

- ❖ Estas serpientes se pueden encontrar en una amplia variedad de tamaños, tonos y también características.

- ❖ Algunas habitan en el suelo, mientras que otras viven en los árboles o en las masas de agua.

- ❖ Algunas consumen principalmente anfibios y peces, mientras que otras consumen roedores.

Serpiente rata europea

Serpiente maicera

Familia de Boas

❖ Esta familia se compone de entre 40 y 45 tipos individuales comunes y también denominados conjuntamente como boas.

❖ La serpiente más grande y pesada del mundo, la anaconda, es un miembro de esta familia.

❖ Todas las boas son potentes constrictoras no venenosas. Se basan en sus dimensiones y en su resistencia para matar a su víctima.

❖ La mayoría de las boas dan vida a crías vivas en lugar de poner huevos.

❖ Ejemplos: Boa del árbol del Amazonas, Anaconda verde, Anaconda amarilla.

Boa Constrictora

Anaconda verde

Familia de Pitónidos

- ❖ Están formadas por varias de las serpientes gigantes de todo el mundo, incluida la pitón reticulada del sudeste asiático.

- ❖ Las serpientes que se encuentran en esta familia se describen colectivamente como "pitones", aunque hay varias variedades específicas en muchas partes del mundo.

Pitón Bola

- ❖ La pitón bola es una famosa serpiente mascota.

- ❖ Los miembros de la familia son depredadores de emboscada, lo que significa que permanecen inmóviles en una posición camuflada y luego atacan instantáneamente a los animales que pasan.

Pitón

Familia de Elápidos

❖ Los Elápidos están formados por un grupo de tipos venenosos como las cobras, las mambas y las serpientes de coral.

❖ Se trata de un grupo de unas 300 especies venenosas de la familia de las serpientes.

❖ Se definen por sus cortos colmillos fijados en la parte delantera de la mandíbula superior.

❖ Estas serpientes se clasifican ahora también como parte de esta unidad familiar.

❖ Todos los elápidos son venenosos. De hecho, algunas de las serpientes más venenosas del mundo pertenecen a esta familia.

❖ Los elápidos producen una neurotoxina, que es un tipo de veneno que ataca los principales sistemas nerviosos.

Serpiente Coral

Mamba
Negra

Familia de Vipéridos

❖ Todos los tipos de serpientes del grupo de vipéridos son venenosos.

❖ Casi todas las víboras generan un veneno hematóxico que ataca las células y la sangre de su objetivo.

❖ Las víboras presentan un importante grado de divergencia respecto a sus ancestros.

❖ Las víboras suelen ser serpientes relativamente cortas y robustas, y pocas especies alcanzan una longitud óptima de 1,80 metros.

❖ Las cabezas de las víboras son anchas y triangulares para adaptarse a las grandes glándulas venenosas que están conectadas por conductos de aire a los colmillos huecos en forma de aguja de las serpientes.

❖ Algunos ejemplos: Víbora de la sierra, Víbora de Russell, Víbora de los arbustos y Víbora de nariz larga

Víbora azul

Víbora negra

03

Trivia de serpientes

Datos interesantes sobre las serpientes

¿Cómo comen las serpientes?

❖ Las serpientes son carnívoras. No tienen el tipo de dientes adecuado para comer su alimento. Su mandíbula está estructurada para permitir que la boca se abra más ampliamente para ingerir la presa por completo.

❖ No utilizan sus dientes para masticar. Los utilizan para atrapar, sujetar y también enganchar a su objetivo.

❖ Todas las serpientes se tragan su presa entera. La comida puede tardar unos 10 minutos en hacer un viaje desde la garganta hasta la barriga. Pueden tardar de días a meses en digerir completamente la comida.

❖ Las mandíbulas de las serpientes no están fusionadas entre sí, lo que les permite tragar las presas más grandes que ellas.

❖ Las serpientes matan a sus presas de dos maneras: Las serpientes venenosas, como la cobra, inyectan veneno a través de sus afilados dientes, llamados colmillos.

¿Pueden saborear el aire?

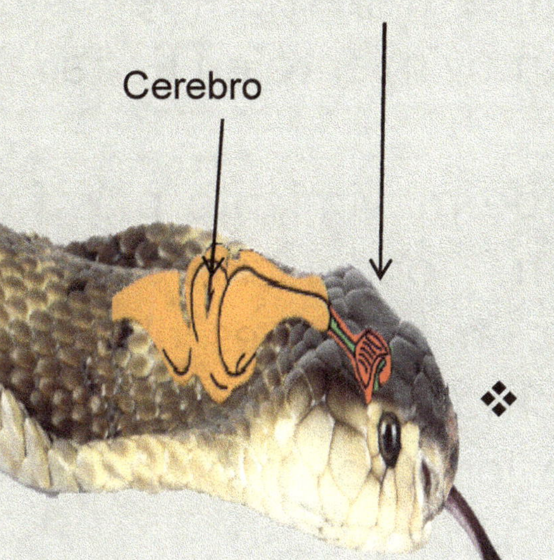

❖ Las serpientes no prueban la comida con la lengua, sino que prueban el aire que las rodea a través de un sensor situado en el paladar, llamado órgano de Jacobson. De este modo, pueden situar la comida a su alrededor.

❖ Una serpiente puede parecer intimidante cuando saca la lengua, pero sólo está tratando de obtener una mejor sensación de su entorno "probando" el aire. Para compensar su mala visión y su limitado oído, muchas serpientes tienen un excelente sentido del olfato.

❖ El olfato de las serpientes es esencial para algo más que para ayudar con su sentido del olor. Como básicamente todos los animales, las serpientes necesitan un suministro saludable de oxígeno para poder sobrevivir, y lo hacen a través de la nariz.

¿Cómo se mueven?

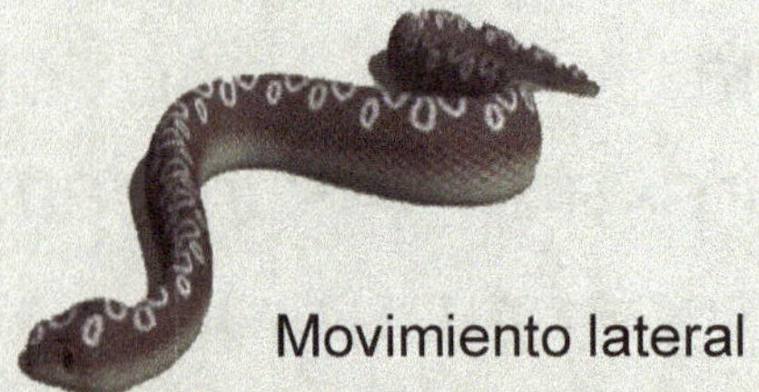

Movimiento lateral

Ondulación de costado

Movimiento serpenteante

Movimiento rectilíneo

Las serpientes tienen al menos cuatro tipos de movimiento en tierra.

❖ El tipo de movimiento más famoso se llama ondulación lateral. La ondulación lateral es el único tipo de locomoción acuática y también uno de los tipos más comunes de locomoción terrestre.

❖ Como veremos en el próximo capítulo, el otro es el movimiento lateral de las serpientes de cascabel, conocido como serpenteo lateral.

❖ Las serpientes utilizan con frecuencia el movimiento serpenteante para trepar por los árboles o conformar superficies lisas.

❖ La locomoción rectilínea es utilizada principalmente por las serpientes pesadas como la pitón y las boas.

¿Por qué mudan sus pieles?

❖ Todos los animales mudan su piel. Algunos lo hacen de una forma más singular (además de visible). Mientras que los seres humanos "mudan" innumerables células de la piel cada día, las serpientes y otros animales se deshacen de una capa de piel de una sola vez mediante un procedimiento llamado ecdisis.

Las razones de esta muda de piel:

❖ El cuerpo de la serpiente se queda sin piel. Al igual que los niños se ponen ropa nueva cuando crecen y son más grandes, las serpientes se deshacen de la piel pequeña y se ponen una nueva que se adapte a su tamaño.

❖ Además, la serpiente se deshace de todos los parásitos de la piel vieja.

¿Existen las serpientes de dos cabezas?

- ❖ El fenómeno de las dos cabezas de la serpiente se llama **bicefalia**.
- ❖ Ocurre cuando un embrión empieza a dividirse en gemelos pero no se separa bien.
- ❖ El problema no es exclusivo de las serpientes: en los seres humanos, la bicefalia da lugar a dobles siameses.
- ❖ Las serpientes con dos cabezas pueden comer una presa a la vez.
- ❖ Tienen problemas para encontrar la presa y moverse en una dirección determinada.
- ❖ Hay muchas criaturas míticas en varias culturas con múltiples cabezas. Por ejemplo, *Sheshnaga* con el dios hindú *Shri Vishnu* que se muestra a la izquierda tiene múltiples cabezas.

Créditos: Ramanarayanadatta Sastri - https://archive.org/details/mahabharat05ramauoft, dominio público, https://commons.wikimedia.org/w/index.php?curid=21174865

Abejas o Serpientes: ¿Cuál es más peligrosa?

Imagen: PollyDot de Pixabay

❖ En Australia, durante el año 2017-18, hubo más de 3500 hospitalizaciones debido a animales y plantas venenosas.

❖ Más del 25% de ellas se debieron a las abejas.

❖ Además, 12 de las 19 muertes se debieron a picaduras de abeja y el resto a mordeduras de serpiente.

❖ La siguiente causa de hospitalización por mordedura venenosa es la de las arañas (alrededor de una quinta parte de los casos) (*fuente: informe del Instituto Australiano de Salud y Bienestar*).

❖ Sin embargo, el mosquito es el responsable del mayor número de muertes humanas de cualquier animal al causar la malaria.

¿Las serpientes pueden volar?

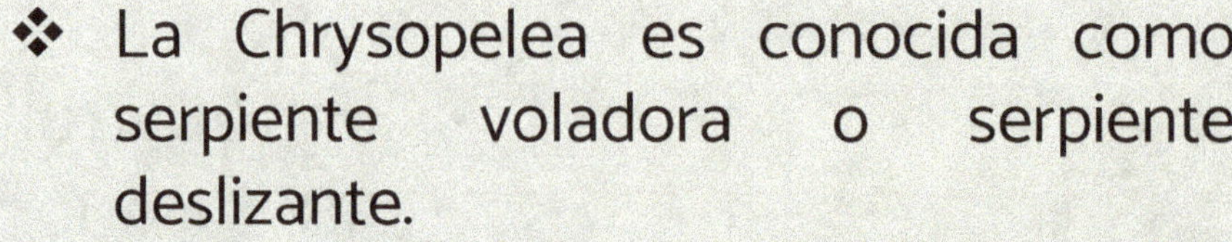

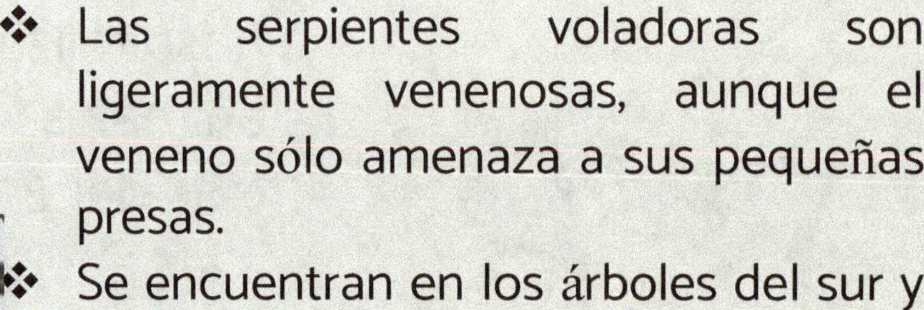

- La Chrysopelea es conocida como serpiente voladora o serpiente deslizante.
- Las serpientes voladoras son ligeramente venenosas, aunque el veneno sólo amenaza a sus pequeñas presas.
- Se encuentran en los árboles del sur y el sudeste de Asia.
- La serpiente parece nadar en el aire.
- Ondulan su cuerpo mientras se deslizan por el aire. Estos movimientos únicos son los que permiten a estas criaturas sin extremidades realizar vuelos tan sorprendentes.
- Las serpientes arbóreas del paraíso se alimentan de salamanquesas y otros reptiles, murciélagos y ranas.

¿La Isla Serpiente?

- Ilha de Queimada Grande, también conocida como Isla de las Serpientes, es probablemente una de las zonas más aterradoras del planeta.
- Esta isla deshabitada se encuentra frente a la costa de Brasil y es el hogar de una serpiente llamada víbora de cabeza de lanza dorada.
- Esta serpiente puede llegar a medir más de un metro y medio de largo, y además se calcula que hay unas 4.000 serpientes en la isla de las serpientes.
- Aquí nunca se está a más de un metro de la mordedura de una serpiente.
- Su mordedura es tan venenosa que derrite la carne que la rodea.

Pagoda de las serpientes (Templo)

- ❖ La Pagoda de la Serpiente se encuentra cerca de la ciudad de Mandalay, en Myanmar.
- ❖ En la década de 1970, el sacerdote encontró pitones gigantes cerca de la estatua de Buda.
- ❖ El monje trató de dejar las serpientes en el bosque, pero éstas volvían cada vez con más serpientes a la pagoda.
- ❖ Finalmente, los monjes creyeron que estas serpientes eran reencarnaciones de antiguos monjes y empezaron a cuidarlas.
- ❖ Ahora viven numerosas pitones en el lugar, y gente de lejos visita este famoso destino.
- ❖ Las serpientes nunca han atacado a ningún visitante y se alegran de ser tocadas y ofrecidas por los visitantes.

¿Quiénes son los encantadores de serpientes?

- ❖ El encantamiento de serpientes es una práctica que consiste en hacerla bailar mientras sigue un instrumento llamado *pungi o be*, que emite un sonido rítmico.
- ❖ La serpiente no puede escuchar la música y sigue el instrumento, lo que hace parecer que está bailando al ritmo de la melodía.
- ❖ Esta práctica se originó en la India y todavía se puede encontrar en el subcontinente indio.
- ❖ La poderosa Cobra es la serpiente preferida para esta actividad.
- ❖ La mayoría de las veces, el veneno de la serpiente, que se almacena en los colmillos, se elimina antes de esta actuación.
- ❖ Este proceso se realiza varias veces, ya que el veneno se rellena en el saco de forma natural.

Serpientes y Escaleras

Juego Original
Créditos: Jain Miniature, dominio público, via Wikimedia Commons

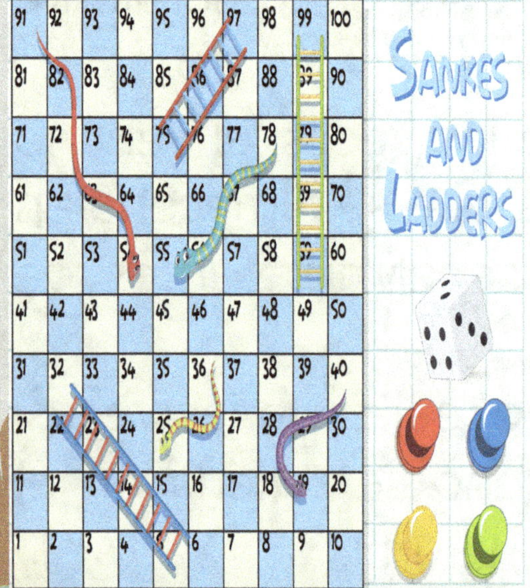

Versión Moderna

❖ Serpientes y Escaleras es un antiguo juego de mesa que se desarrolló en la India hace muchos siglos.

❖ Su nombre original era Mokshapat o Moksha Patamu.

❖ Ese juego era diferente del que jugamos hoy y tenía algunas connotaciones de karma (buenas acciones = Escaleras y malas acciones = Serpientes).

❖ Desde la India, viajó al Reino Unido y luego a los Estados Unidos.

❖ Uno tiene que atravesar su ficha de juego, según los dados, desde el principio hasta el final, ayudado o impedido por escaleras y serpientes. Si caes en una escalera, subes, y en caso de encontrarte con serpientes, ¡bajas varias muescas!

Las serpientes y la historia de Estados Unidos

Por Benjamin Franklin – Domino Público, https://commons.wikimedia.org/w/index.php?curid=10604794

❖ Join or Die fue la primera caricatura política a favor de la temprana unión americana generada por un colono británico en América.

❖ Benjamin Franklin la hizo a partir de un grabado en madera que mostraba una serpiente cortada en ocho partes, con cada segmento identificado con las iniciales de uno de los nidos o zonas americanas.

NE = Nueva Inglaterra
NY = Nueva York
NJ = Nueva Jersey
P= Pensilvania
M = Maryland
V = Virginia
NC = Carolina del Norte
SC = Carolina del Sur

¡El Mundo de Nagas!

Rey de Nagas, Tailandia

Templi de Naga, Tailandia

❖ En los credos orientales del hinduismo, el budismo y el jainismo, una mítica raza semidivina llamada naga (sánscrito para "serpiente") era mitad humana y mitad cobra, aunque podía cambiar de forma para manejar totalmente una u otra.

❖ Se dice que el dios hindú Brahma erradicó a los naga a su reino subterráneo cuando terminaron de poblar el mundo.

❖ Hay varias estatuas antiguas que representan a la misma raza y varios templos dedicados a los naga.

❖ También se representa a muchos dioses custodiados por serpientes (en su mayoría cobras).

¡El hombre serpiente!

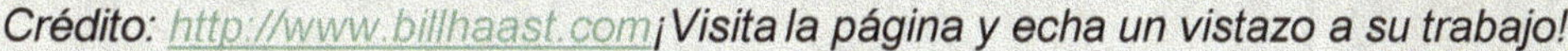

Crédito: http://www.billhaast.com ¡Visita la página y echa un vistazo a su trabajo!

- ❖ Bill Haast, al que también llamaban el "Hombre Serpiente", se inyectó diariamente veneno de serpiente durante más de 60 años en un experimento para comprobar si podía crear resistencia a las sustancias tóxicas.
- ❖ Fue mordido al menos 173 veces por varias de las serpientes más venenosas durante su larga carrera.
- ❖ Su sangre sirvió para preservar numerosas vidas de los impactos del veneno de serpiente, y vivió hasta los 100 años.
- ❖ Proporcionó numerosos miles de muestras de veneno a los laboratorios farmacéuticos para llevar a cabo diversos experimentos para fabricar medicamentos.
- ❖ En un momento dado, llegó a tener 10.000 serpientes, entre ellas la mayoría de las kraits venenosas, cobras, serpientes de cascabel y víboras.

Símbolo de la Medicina

Símbolo griego Caduceo

Rama de Esculapio

❖ En 1990, una encuesta realizada en Estados Unidos descubrió que el 62% de las asociaciones profesionales utilizaban la Vara de Esculapio, mientras que el 37% utilizaban el Caduceo.

❖ Asimismo, el 76% de las organizaciones industriales utilizaban el Caduceo. Tal vez tenga sentido, ya que Hermes era el dios de la profesión.

❖ La Organización Mundial de la Salud elegiría la Vara de Asclepio para su emblema, donde todavía puede verse hoy.

Serpientes en el antiguo Egipto

Tutankamón

Cleopatra

- ❖ La serpiente es vital a lo largo de la historia del antiguo Egipto.
- ❖ La corona de este artefacto egipcio está hecha nada menos que con una cobra.
- ❖ La cobra no es sólo una declaración de estilo. Está destinada a personificar la seguridad sobre el mundo.
- ❖ Se llama Uraeus. Este símbolo de serpiente se ponía con frecuencia en la corona de los hombres y mujeres egipcios de mayor autoridad.
- ❖ El Uraeus sugiere el poder supremo. Además, el tocado sólo lo llevaban los que eran considerados dioses en el mundo.

La Diosa india de las Serpientes

- Manasa Devi es una diosa de las serpientes, a la que se rinde culto en Bengala y otras partes del noreste de la India, principalmente para prevenir y curar las mordeduras de serpiente.

- A Manasa se la representa como una dama cubierta de serpientes que permanece sobre un loto o de pie sobre una serpiente. Está protegida por las capuchas de siete cobras.

- También se la conoce como Vishahara (la destructora de sustancias venenosas), Jagadgaurī, Nityā (infinita) y Padmavati.

04

Conozcamos

¡Conoce las famosas serpientes de los continentes!

La Gran Cobra Real

- ❖ La cobra real es la mayor serpiente venenosa del mundo.
- ❖ Se encuentra en colores amarillo, verde, marrón o negro y llega a medir entre 3 y 4 metros.
- ❖ Se encuentra principalmente en el subcontinente indio y en el sudeste asiático hasta Indonesia.
- ❖ Su veneno es tan peligroso que un elefante adulto muere en pocas horas.
- ❖ Su vida media es de unos 18-20 años. En la India, los encantadores de serpientes tocan un instrumento principalmente a la cobra, que baila no por el sonido sino por el movimiento del instrumento.
- ❖ Es venerada en muchas culturas orientales y a menudo se la ve con dioses y diosas como su protector.

Cobra como protectora de Buddha

Mamba Negra: El Rey Africano

- ❖ La Mamba Negra es la segunda serpiente venenosa más grande y se encuentra en el África subsahariana.
- ❖ Es la serpiente más famosa y temida del continente africano y muy venenosa.
- ❖ Viven en los árboles y en la tierra.
- ❖ También son de las más rápidas y alcanzan velocidades de 12-14 km/hora para recorrer distancias cortas.
- ❖ Llegan a medir entre 2 y 3 metros de largo.
- ❖ No son exactamente negras, sino de color marrón, y su nombre proviene del color de su boca, que es azul-negro.

Cabeza de Cobre Americana

Créditos: dominio público, https://commons.wikimedia.org/w/index.php?curid=2182367

- ❖ Las serpientes cabeza de cobre son varias de las serpientes norteamericanas más comunes.
- ❖ La cabeza de cobre americana tiene un cuerpo grueso y crece hasta dos o tres pies de tamaño y de media a tres cuartos de libra.
- ❖ Estas serpientes de tamaño medio se encuentran desde el sur de Nueva Inglaterra hasta el oeste de Texas y la parte norte de México
- ❖ También son las más propensas a atacar, aunque su veneno es razonablemente moderado y sus mordeduras casi nunca son mortales para los seres humanos.
- ❖ Si una cabeza de cobre pierde un colmillo, rápidamente produce un reemplazo a partir de un conjunto de 5 a siete repuestos situados en las encías, simplemente por encima y detrás del colmillo original.

Cascabeles

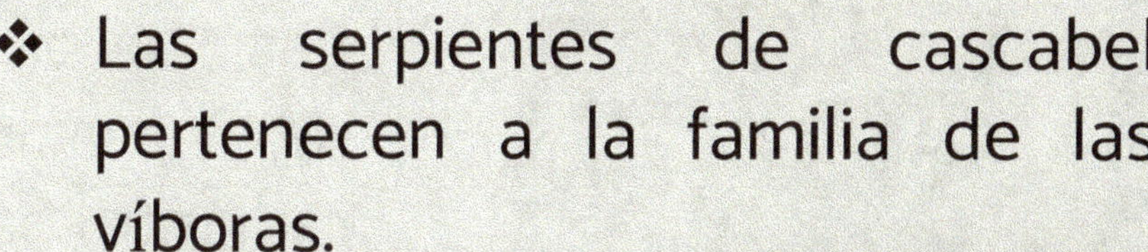

- ❖ Las serpientes de cascabel pertenecen a la familia de las víboras.
- ❖ Se encuentran principalmente en lugares rocosos y son nativas de América del Norte y del Sur.
- ❖ Obtienen su nombre por el tipo de sonido de cascabel que hacen al final de su cola. Este sonido sirve como señal de advertencia para las presas y los animales de los alrededores.
- ❖ Consideradas temibles por sus colmillos venenosos, las serpientes de cascabel son depredadores que existen en múltiples entornos.

Cascabel de una serpiente muerta

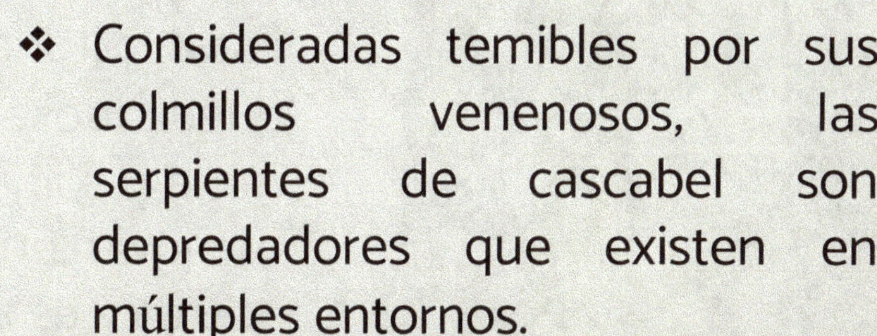

Pitón Arborícola Verde

- ❖ Las pitones arborícolas verdes recién nacidas son de color amarillo radiante, naranja o rojo ladrillo y no se vuelven verdes antes de los 6-8 meses.
- ❖ Las pitones arborícolas verdes pueden alcanzar tamaños de unos 1,5 metros. Eligen las selvas tropicales con vegetación espesa y también con mucha humedad.
- ❖ Se encuentran en Indonesia, Papúa Nueva Guinea y Australia.
- ❖ Estas pitones atraen a su comida quedándose muy quietas en una rama y colgando la cola. Atraída por el movimiento de la cola, la presa se acerca y es atacada.
- ❖ Es una de las serpientes en cautividad más famosas entre los aficionados y criadores de reptiles.

Pitón Reticulada

- ❖ La pitón reticulada es una variedad de pitón que se encuentra en el sudeste asiático.
- ❖ Son las serpientes más largas y también las más pesadas.
- ❖ Una anaconda verde es mucho más pesada con la misma longitud que una pitón reticulada.
- ❖ Consumirán criaturas tan pequeñas como una rata y también tan enormes como un antílope.
- ❖ Sus enormes cuerpos de color marrón tostado tienen marcas oscuras en forma de reloj de arena que camuflan a la serpiente en su hábitat natural.

Foto por David Clode en Unsplash

Pitón Bola/Real

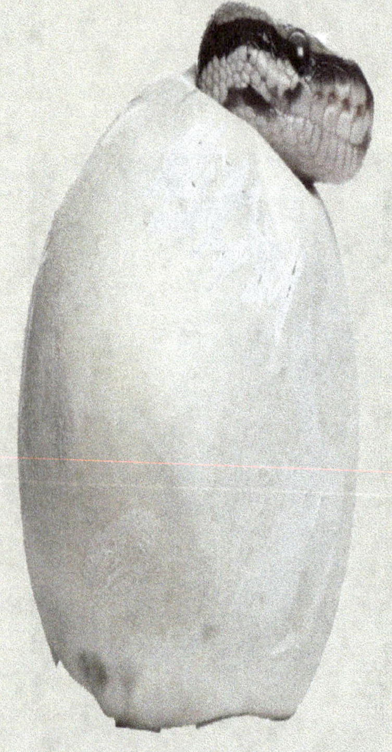

Pitón Bola saliendo de su caparazón

❖ La pitón bola o real se encuentra principalmente en el continente africano (parte occidental y central).

❖ Es una de las serpientes más famosas como mascota y se llama pitón bola porque se enrosca como una pelota cuando se siente amenazada.

❖ Son animales suaves y dóciles y, por lo tanto, grandes mascotas.

❖ Esta pitón era criada por la realeza de los reinos y utilizada como joya, también conocida como pitón real.

❖ Es una de las especies más pequeñas de pitones y crece hasta 1,5 metros de longitud.

❖ Su edad media es de 25-30 años.

❖ Se alimentan de pequeños animales como roedores y aves.

La Fiera: Taipán de la Costa

Fotografía de David Clode en Unsplash

- ❖ La taipán es una serpiente muy venenosa y feroz que se encuentra en Australia.
- ❖ Son tan venenosas que su sola mordedura puede matar a casi 100 seres humanos.
- ❖ Son criaturas tímidas y rara vez entran en contacto con los humanos.
- ❖ También se les llama serpiente de escamas pequeñas.
- ❖ Estas serpientes se alimentan principalmente de pequeños mamíferos como roedores.
- ❖ Puede alcanzar un tamaño total de 2,5 m, aunque 1,8 m es un tamaño común.
- ❖ La superficie superior de la serpiente puede variar desde un color pardo oscuro hasta un color pajizo claro. Se producen ajustes de color estacionales, con un invierno más oscuro y un color más claro durante el verano.

Anaconda Verde

- Seguro que has oído hablar de la película llamada Anaconda.
- Se trata de una de las serpientes más pesadas y largas del mundo, que se encuentra en los terrenos tropicales de Sudamérica.
- Forma parte de la familia de las boas y no es venenosa por naturaleza. Mata a la presa asfixiándola.
- Pueden llegar a medir entre 6 y 7 metros de largo y pesar 250 kg. Su tamaño hace que a las anacondas verdes les resulte más fácil nadar en el agua que retorcerse lentamente en tierra.
- Sus ojos y fosas nasales se sitúan en la parte superior de la cabeza, lo que les permite ver y respirar mientras la mayor parte de su cuerpo está bajo el agua.

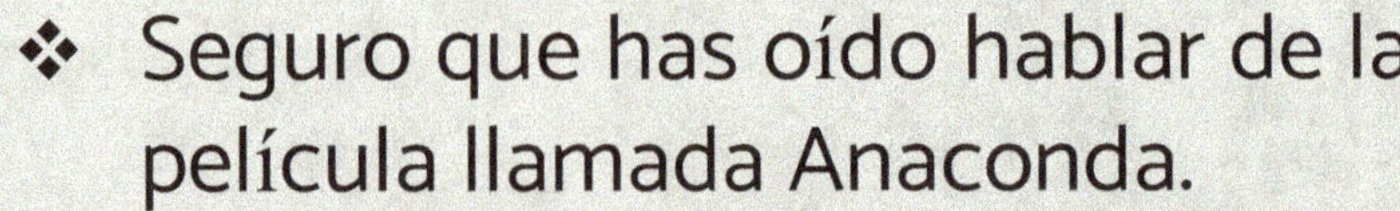

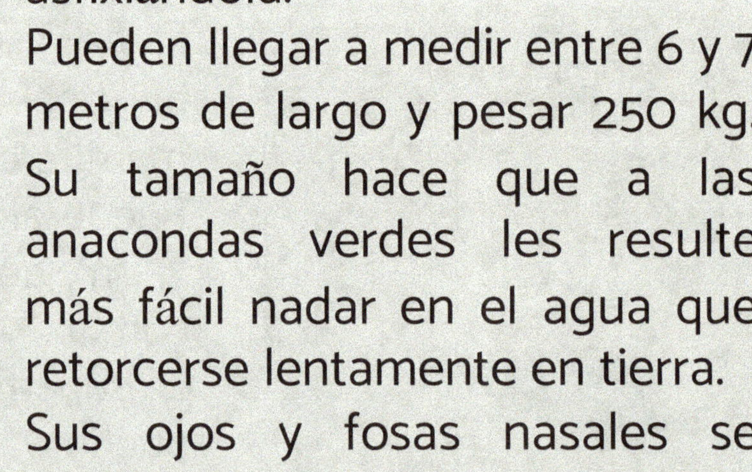

¿Qué tan pequeñas?: Serpientes diminutas

- ❖ Mi nombre científico es **Indotyphlops braminus,** y me encuentro naturalmente en Asia y África.
- ❖ Vivo en madrigueras bajo la tierra.
- ❖ Mido entre 5 y 6 centímetros de largo, lo que me convierte en una de las especies de serpientes más pequeñas conocidas.
- ❖ Se me ha introducido en EE.UU. y Australia para controlar las termitas.
- ❖ La **serpiente de hilo de Barbados** es la especie de serpiente más pequeña descubierta en 2008.
- ❖ Estas serpientes se encuentran en la isla caribeña de Barbados.
- ❖ Son tan delgadas y pequeñas como fideos y pueden caber en una moneda.
- ❖ Su principal alimento son las larvas de hormiga y crecen unos 10 cm.

Por Blair Hedges, Penn State, Créditos,
https://commons.wikimedia.org/w/index.php?curid=4497654

05

Serpientes graciosas

Si te ries pierdes

3. ¿Por qué la serpiente miraba al computador?

4. ¿Qué obtienes cuando cruzas una serpiente con un canguro?

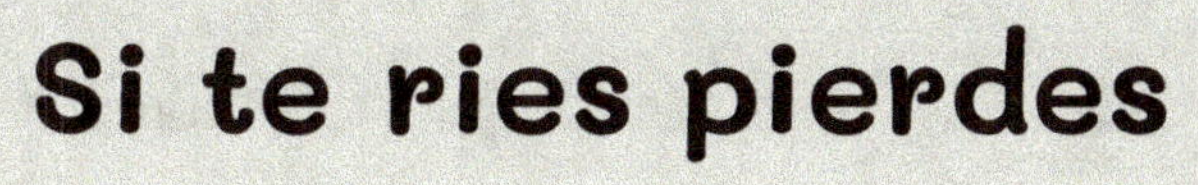

Si te ríes pierdes

7. ¿Cuál es el nombre de la empresa automotriz dirigida por serpientes?

8.¿Por qué no puedes burlarte de una serpiente?

Si te ries pierdes

Si te ries pierdes

Solution: Don't Laugh Challenge

Sl. No.	Question	Solution
1	*Qué serpiente construye edificios*	La boa constructora
2	*¿Cómo hace magia una serpiente?*	Abraca**cobra**
3	*¿Por qué la serpiente miraba al computador?*	Buscaba el ratón
4	*¿Qué obtienes cuando cruzas una serpiente con un canguro?*	Una cuerda de saltar
5	*¿Cuál es la materia favorita de una serpiente?*	Lenguaje
6	*¿Qué serpiente salta más que un árbol?*	Cualquiera los árboles no saltan

Solution: Don't Laugh Challenge

S.I.No.	Question	Solution
7	**¿Cuál es el nombre de la empresa automotriz dirigida por serpientes?**	Ana-**Honda**
8	**¿Por qué no puedes burlarte de una serpiente?**	¡No puedes tomarle el pelo!
9	**Una serpiente de cuatro pies se llama…**	Lagarto
10	**¿Cómo se divierten las serpientes de África?**	Con el baile de la Mamba
11	**A una serpiente con gran personalidad se le conoce como…**	Encantadora de serpiertes

06

A Divertirse

Colorear /Actividades / Juegos & Mucho Más

Fun Time: Color Me

A divertirse: Coloréame

A divertirse: Coloréame

A divertirse: Coloréame

A divertirse: Coloréame

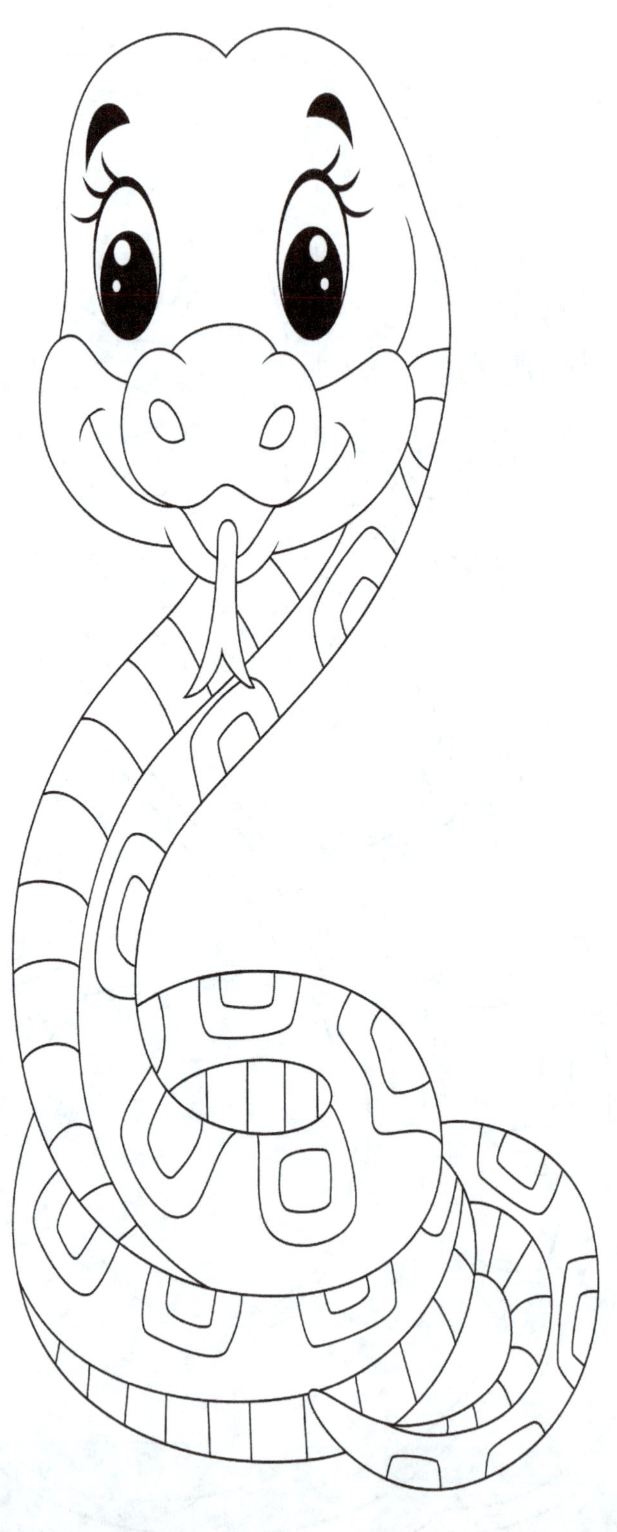

A divertirse: Coloréame

A divertirse: Coloréame

A divertirse: Coloréame

(Refer next page for coloring patterns)

A divertirse: Coloréame

Snake

A divertirse: Coloréame

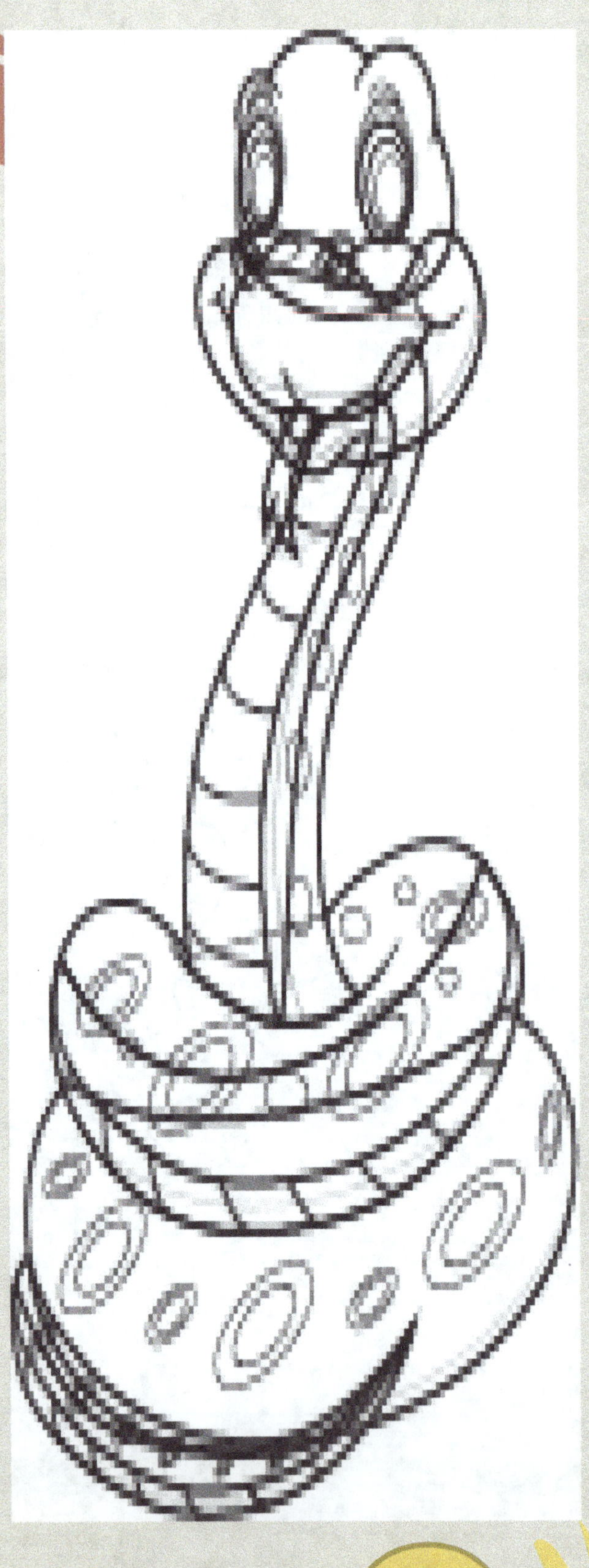

Guía a la serpiente..

Guía a la madre hasta su bebé

Guía a la bebé hasta su madre

Guía a la madre hasta su bebé

¡A jugar!

START
1 2 3 4 5 6 7 8 9 10 11 12 13 14 15 16 17 18 19 20 21 22 23 24 25 26 27 28 29 30 31 32
FINISH

¡A jugar!

SNAKE
LADDER
32 31 30 29 28 27
26
20 21 22 23 24 25
19
18 17 16 15 14 13
7 8 9 10 11 12
6 5 4 3 2 1

¡A jugar!

Soluciones

"La vida está llena de curiosos juegos de serpientes"-Steven Morrissey